suhrkamp taschenbuch 3705

Am Anfang steht das Glück, die Hingabe einer noch ganz jungen Liebe. Es folgen die ersten Trübungen. Sie steigern sich über Betrug und Lüge bis zum Kampf, führen in die Verzweiflung, fast in den Irrsinn und enden schließlich in der Erschöpfung der Liebenden und ihrer erneuten Annäherung. Dieser inneren Dramaturgie folgt Peter Turrini in seinem Gedichtband; er erzählt in einem Ton, der von sanfter Heiterkeit zu kühler Ironie, von sachlicher Ernsthaftigkeit bis hin zu schamloser Offenheit reicht, von der Entwicklung einer Liebe.

Peter Turrini, geboren 1944 in St. Margarethen in Kärnten, lebt in Retz. Im Suhrkamp Verlag liegen von ihm die Stückebände *Ich liebe dieses Land* (es 3412), *Der Riese vom Steinfeld* (es 3426), *Da Ponte in Santa Fe* (es 3429), *Der tollste Tag und andere Komödien* (st 3526), *Josef und Maria* (st 3544) und *Rozznjogd/Sauschlachten* (st 3636) sowie der Gedichtband *Ein paar Schritte zurück* (st 3389) vor.

Peter Turrini
Im Namen der Liebe

Gedichte

Herausgegeben von
Silke Hassler

Suhrkamp

Im Namen der Liebe erschien erstmals 1993.
Für die vorliegende Ausgabe wurde der Band von
Peter Turrini überarbeitet und um zahlreiche Gedichte erweitert.

Umschlagfoto: Martin Vukovits

suhrkamp taschenbuch 3705
Erste Auflage 2005
© Suhrkamp Verlag Frankfurt am Main 2005
Suhrkamp Taschenbuch Verlag
Alle Rechte vorbehalten, insbesondere das
der Übersetzung, des öffentlichen Vortrags sowie der Übertragung
durch Rundfunk und Fernsehen, auch einzelner Teile.
Kein Teil des Werkes darf in irgendeiner Form
(durch Fotografie, Mikrofilm oder andere Verfahren)
ohne schriftliche Genehmigung des Verlages reproduziert
oder unter Verwendung elektronischer Systeme
verarbeitet, vervielfältigt oder verbreitet werden.
Druck: Nomos Verlagsgesellschaft, Baden-Baden
Printed in Germany
Umschlag: Göllner, Michels, Zegarzewski
ISBN 3-518-45705-5

1 2 3 4 5 6 – 10 09 08 07 06 05

Im Namen der Liebe

I.

Das brennende Herz

Im Namen der Liebe
verschenken wir das Herz.
Ich verblute.

Im Namen der Liebe
rauben wir uns den Atem.
Ich ersticke.

Im Namen der Liebe
schreiben wir einen anderen Namen
anstelle des eigenen.

Am Ende des Horizontes
brennt ein Feuer.
Ich verständige sämtliche Feuerwehren
der Umgebung
und eile mit ihnen
an den Ort des Brandes.
Dort brennt kein Haus.
Kein Stadel, kein Strohhaufen.
Dort stehst du.
Du zeigst auf dein brennendes Herz
lächelst
und forderst mich auf
auch das meine zu entzünden.
Ich hätte ja genug
Feuerwehren mitgebracht.

Ein Blick auf dich
und ich sehe
so viel Schönheit
so viel Schüchternheit
so viel Ausgelassenheit
so viel Mut.

Was erst werde ich sehen
wenn ich noch einen Blick
riskiere?

Im Kaffeehaus
beschreibst du mir
deine Vorstellungen
von der Liebe.
Das Wichtigste
sei die Aufrichtigkeit
und die Treue.
Ich bin bereit
deine Vorstellungen
ganz und gar
zu übernehmen
wenn nur dein Knie
nie aufhört
das meine
zu berühren.

Das Ziel
auf das wir zufahren
ist ein Haus auf dem Land.
Ich sitze neben dir
und habe meine Hand
zwischen deinen Schenkeln.

Vor dem Haus
hältst du an
und ich nehme meine Hand
von deinen Schenkeln
und plötzlich fährst du
weiter.

Ich schaue dich an
lege meine Hand wieder
zwischen deine Schenkel
und fühle mich
unendlich geborgen.

Ich wußte gar nicht
daß man ankommen kann
indem man über das Ziel
hinausfährt.

Liebe macht blind
sagt man
und folglich
werde ich
in den Verein der Blinden
und Sehschwachen
eintreten.
Einen Blindenhund
beantragen.
Die Wohnung blindengerecht
umbauen.
Und jede Nacht
werde ich
an den Erhebungen deines Körpers
die Blindenschrift
üben.

Alles fliegt
Zwerge klammern sich
an Kirchtürme
Glatzen sprießen
und Racheengel spielen Domino.

Gott heiratet
Marilyn Monroe
nur standesamtlich.
Priester treten
auf ihre Soutanen
und nackt ins Freie.

Dort erwartet sie
eine Abordnung
frisch gefallener Engel.
Ich danke dir
Geliebte
daß ich die Welt
endlich mit klaren Augen sehe.

Fortan
werde ich
meine Finger
an die Umrandungen
deines Körpers setzen.

Fortan
werde ich
meine Stimme
hinter dem Zaun
deiner Zähne vergraben.

Fortan
werde ich
meinen Atem
vor das Gestrüpp
deiner Scham pflanzen.

Das
alles
wird fortan
meine ziellose
Fortpflanzung sein.

Hätte Gott
bei der Erschaffung
von sanften
Hügellandschaften
Maß
am Bäuchlein
meiner Geliebten
genommen
es wäre ihm
Vollendetes
gelungen.

So aber
mußte er sich
mit stümperhaften
Aufhäufungen
begnügen.

Meine Sehnsucht
ist wach
am Morgen
ist hungrig
zu Mittag
nicht müde
am Abend
und schläft nicht
zur Nacht.

Wenn du mich anrufst
läutet das Telefon.
Die Lampe läutet.
Der Ofen läutet.
Das Zimmer läutet.
Die Aussicht vor meinem Fenster läutet.

Es läuten die Glocken der Befreiung
vom Warten.

Als Ministrant
kniete ich
vor dem Allerheiligsten
und flehte um Erlösung.

Jetzt knie ich
vor deinem Allerheiligsten
und werde ununterbrochen
erlöst.

Wir sind unbesiegbar.
Krankheiten.
Überschwemmungen.
Sandstürme.
Flächenbrände.
Mieterhöhungen
sowie Zahlungserinnerungen
können uns
nichts mehr
anhaben.

Wie oft
ist die Tiefe
einer Umarmung
auf das wunderbarste
beschrieben worden.

Ich denke dabei
an die Taucherei.

Ich tauche
auf den Grund deiner Augen
verbleibe dort
und mir geht
die Luft nicht aus.

Selbstverständlich ist es
ganz eindeutig
absolut gewiß
hundertprozentig sicher
über jeden Zweifel erhaben
durch nichts widerlegbar
daß diese Liebe
ewig dauern wird.

Selbst ein Aufmarsch
aller Gescheiterten
ist kein Argument
nicht der geringste Beweis
solange ich
auf oder unter dir
liege.

Am Ende des Liebens
ist mein großer Beginn:
Ich erstürme den Mount Everest.
Pflücke alle Dotterblumen.
Begehe den ersten Schultag.
Rette das Land vor einer Naturkatastrophe.
Falle in Mathematik nicht durch.
Und spreche zu den Vereinten Nationen.

Das alles
ereignet sich beim Ausruhen
in deiner Achsel.

Ich gehe
wenn ich gehe
am Rande des Weges
für den schönen Fall
du könntest unerwartet
neben mir
auftauchen.

Ich gehe
wenn ich gehe
nur über ebene Landschaften
für den schönen Fall
du könntest überraschend
am Horizont
erscheinen.

In meinem seligen Lächeln
ist alles aufgehoben:
Die zu kurze Decke.
Die Haare in deinem Gesicht.
Der wenige Schlaf.
Sowie die unterschiedliche Größe
deiner Brüste.

Aus meinem seligen Lächeln
ist alles verbannt:
Die Neugier der Umgebung.
Das pünktliche Mittagessen.
Die Weltnachrichten.
Sowie die tüchtige Erfüllung
des Tagespensums.

Solange die Existenz
und die Lage
des Paradieses
nicht geklärt sind
halte ich mich
an dich.

Sollte es sich
bei der Liebe
tatsächlich
um eine
hormonelle Verblendung
handeln
so will ich
geblendet sein
bis ans Ende
meiner Tage.

Sollten
meine Hormone
bis dahin
nicht ausreichen
bin ich
gerne bereit
mir diesbezügliche Präparate
zu besorgen.

Die Küsse der Liebe
drängen vom Mund
an die Zähne
durch den Speichel
in den Rachen
in den Hals
und führen
unweigerlich
zu Erstickungsanfällen.

Liebe. Liebe. Liebe.
O Liebe. O Liebe.
Oh. Oh. Oh.
Libedum.
Lideldumdo.
Lideldum lideldum lideldum oh.
Oh. Oh. Oh.
O Liebe. O Liebe.
So trunken wie ich bin
gehöre ich dringend
ausgenüchtert.

Verliebte
sind die größte
Belästigung
auf Erden.
Keine Blume
kein Sonnenuntergang
keine Taube
kein Obst
ist vor ihnen
sicher.
Selbst der Plastiksack
eines Einkaufszentrums
kann Anlaß
für ihr Entzücken
sein.

Um uns
gehen die Beziehungen
dutzendweise
zu Bruch.

Zufrieden lächelnd
sitzen wir
auf dem Scherbenhaufen
der anderen
und versichern sie
unseres Mitgefühls.

Der Spur deines Mundes bin ich gefolgt
in alle Nebenstraßen.

Dem Blick deiner Augen bin ich nachgegangen
in jegliches Gewölbe.

Den Klang deiner Stimme habe ich eingefangen
in stillen Dachböden.

Den Geruch deiner Haare habe ich fortgetragen
in viele Länder.

Möchte von den Hügeln abwärts
über deine Täler gehen
und vor dem bewachs'nen Berge
als willkomm'ner Riese stehen.
Ohne Unterlaß.

Gestern bekam ich
keinen Steifen.
Vorgestern
auch nicht.
Und vorvorgestern
war er höchstens
halb steif.

Die Liebe ist eben
etwas Weiches
Zartes.

II.

Wenn ich einen Termin frei habe

Wir werden der Nacht
eine offene Rose
entreißen.

Wir werden aus der Mauer
eine Handvoll Samen
holen.

Wir werden aus dem Schweigen
Purzelbäume
formen.

Wenn ich einen Termin frei habe.

In dieser Liebe
beginnt etwas Fremdes.
Es schreit an dir vorbei
stößt neben dich
und hält Ausschau
im Anschauen.

In dieser Liebe
werde ich ein Fremder.

Wenn du gehst, will ich alles:
Das Geflüster.
Die Entdeckung.
Die Hingabe.
Die Raserei.
Den Schrei.
Das Aufatmen.
Das Verweilen.
Den Halbschlaf.
Zeit.
Wenn du bleibst, will ich nichts.

Ich
denke immer daran
daß du ja
deinen Orgasmus kriegst.

Du
denkst immer daran
daß ich ja
nicht zu früh abspritze.

Wir
beschließen
daß wir nicht
an den Orgasmus denken.

Wir
denken daran
daß wir nicht
an den Orgasmus
denken sollen.

Ich habe das Gefühl
daß du mich in allem bestimmst.
Jede Unternehmung
jede Zärtlichkeit
geht von dir aus.

Ich habe das Gefühl
meine Liebe
ist die Ausführung
deiner Wünsche.

Ich verstehe
warum du für alles so lange brauchst.
Ich verstehe
daß du heute nicht mit mir schlafen kannst.
Ich verstehe
daß du jetzt allein sein willst.
Ich verstehe
daß du mich nicht verstehen kannst.

Mein Verständnis für dich
hat gewaltige Ausmaße.
Ich versuche
dich mit dieser Gewalt
zu erdrücken.

Wenn ich dich anrufe
höre ich nicht zu.

Wenn ich dich herhole
stoße ich dich weg.

Wenn ich dich brauche
brauche ich dich nicht.

Du bist immer dort
wo ich nicht bin.

Drei Tage mit dir
und ich denke
an Trennung.

Drei Tage ohne dich
und ich wünsche mir
ein Wiedersehen.

Ich schlage
die Gründung
von sogenannten Bedürfniswochen
vor.

Eine Woche
mache ich alles
was du willst.

Die Woche darauf geschieht
was immer ich will.

Ausgenommen
sind lediglich
schwere Körperverletzungen
und erhebliche berufliche Beeinträchtigungen.

Einerseits
wollen Frauen
einen Mann
der vor ihnen
kniet.

Andererseits
wollen Frauen
einen Mann
der sie überragt
und beschützt.

Wie soll ich wissen
welche Stellung
gerade
gefragt ist?

Wenn ich nicht
mit dir schlafen kann
dann siehst du
meine Schwäche.

Wenn du nicht
mit mir schlafen kannst
dann spüre ich
deine Ablehnung.

So oder so:
Du bist immer stärker.

In meiner Angst
wieder einmal zu versagen
rutsche ich schnell
von deinem Kopf
zwischen deine Beine.

Die Zunge bewegen
kann jeder Depp.

Mitten im Schreiben
eines Gedichts
will sie mit mir
ins Bett
gehen.

Wie soll ich da
die richtigen Worte
finden?

Gestern bekam ich
einen Steifen
und wollte dich
sofort haben.

Ich verstehe nicht
warum du diese Einladung
nicht sofort
angenommen hast.

Ich weiß genau
was Frauen wollen.
Sie wollen
immer nur
das eine.

Was ich nicht weiß:
Worin dieses eine
genau besteht.

Was immer es ist:
Es ist nicht
das Meine.

Eine Reise in den Süden
sagst du
wird uns wieder
zusammenbringen.

Wir liegen an einem griechischen Strand
bei 35 Grad im Schatten
und du fragst mich
ob ich mich dir
auch so nahe fühle?

Ja, sage ich
und denke dabei
an gefüllte Paprika
und ein kühles Hotelzimmer
in Malmö.

Das Schlimmste ist
daß ich nie weiß
ob mir deine Zuneigung
Atem gibt
oder nimmt.

Wenn sich alles in mir versperrt
bleibt nur eines:
Schuld bist du
mit deiner aufdringlichen Fähigkeit
mich zu lieben.

Ein für allemal:
Es gibt keine Probleme
zwischen uns.
Ich finde dein Wesen
wunderbar.
Deine Figur
wunderbar.
Deine Gedanken
wunderbar.
Alles wunderbar.
Nur die Art und Weise
wie du deine Kaffeetasse hältst
geht mir furchtbar
auf die Nerven.

Ich sitze
vor dem Fernsehapparat.
Du sitzt
auf mir.
Ich sehe
auffahrende Panzer in Tiflis
eindringende Soldaten in Bosnien
kreischende Frauen auf einem Müllhaufen in Rio
eine Explosion in einem polnischen Stahlwerk
apathische Gestalten am Stadtrand von Moskau
ein totes Kind in Somalia.
Wir leben
in einer erregenden Welt.

Ununterbrochen
erzähle ich dir
welche Frauen
ich hätte haben können.

Aus Liebe zu dir
habe ich sie
selbstverständlich
nicht gehabt.

Dauernd verlierst du mein Herz.
Wenn das so weitergeht
nehme ich es wieder zurück
und vergebe es
an ernsthaftere Interessenten.

Wenn ich mit einer anderen Frau schlafe
mildere ich die Sache
dir gegenüber ab.

Obwohl etwas war
war eigentlich nichts.

Das hat Vorteile:
Ich quäle dich nur etwas.
Ich verliere dich nicht ganz.

Laut Statistik haben
mehr als fünfzig Prozent der Männer
homosexuelle Neigungen
und wünschen sich von ihren Frauen
gelegentlichen Analverkehr.
Ich bin nicht so.
Aber könntest du dich mal kurz
zur Seite drehen?

Du.
Du.
Nur du allein.

Und wer ist damit gemeint?
Meine Frau?
Meine Freundin?
Meine ehemalige Freundin?
Meine zukünftige Freundin?
Meine eheehemalige?
Meine zuzukünftige?

Möglicherweise
bist du mein Tod:
Das junge Mädchen
heute nacht
hat schöne grüne Augen
pechschwarzes Haar
und lacht so laut.
Sie küßt und streichelt mich
hält inne mit der Hand
und sagt:
Möglicherweise
bist du mein Tod.

Jeder Satz ist gelogen
und wahr.

Jegliche Sehnsucht gehört dir
und einer anderen.

Alle Vertrautheit bist du
und nicht nur du.

Mein Selbst
ist da und dort.

Meine Liebe
ist dort und da.

Was mir an dir nicht gefällt
ist dein hysterisches Lachen.
Daß du taktisch
so unklug bist.
Daß du wegen jeder Kleinigkeit
aggressiv wirst.
Ist irgendwie
deine ganze Art.

Warum kannst du nicht ein bißchen
freundlicher
verbindlicher
normaler sein?

Wie ich
zum Beispiel?

Ich schäle einen Apfel
und beobachte
dein Gesicht
von der Seite.

Ich denke daran
wie leicht es wäre
das Messer
in dich zu stoßen.

Auf deine Frage
warum ich dich
so ansehe
lächle ich
dich an.

Du bist hereingekommen
hast deine Tasche abgestellt
und ich habe dich gefragt
ob du bei mir
bleiben willst.

Ein Satz
und so viel Unglück.

III.

Wie kannst du mir
etwas so Schreckliches antun?

Meine Angst
du könntest entdecken
daß ich eine andere
neben dir liebe
ist schrecklich.

Meine Entdeckung
daß du einen anderen
neben mir liebst
ist schrecklich.

Wie kannst du mir
etwas so Schreckliches
antun?

Daß du dich
in einen anderen Mann
verliebst:
Das mußte ja einmal geschehen.
Das kann vorkommen.
Das könnte ich irgendwie verkraften.
Das könnte ich sogar verzeihen.
Wenn es nicht
ausgerechnet
zu diesem Zeitpunkt
passiert wäre.

Das alltägliche Dasein
Geliebte
ist nicht mehr alltäglich.

Ein plötzliches Weggehen:
ein Verdacht.
Der nicht angenommene Anruf:
ein Verdacht.
Die weggeräumte Post:
ein Verdacht.
Ein neues Kleid:
ein Verdacht.
Ein überraschendes Schminken:
ein Verdacht.

Das alltägliche Dasein
Geliebte
ist unerträglich.

Im Mittelpunkt deiner Augen
ist ein Loch, eine Höhle, eine Stiege.
Ihre Stufen führen
in brodelnde Lava.

In ihr ein Bad nehmen
und die frischen Brandwunden
der Welt zeigen
das möchte ich.

Dein Gesicht, Geliebte
mir zugewendet, lächelt.
Ihm zugewendet, lächelt.
Ich lache mit.

Dein Atem, Geliebte
mich wärmend, betört.
Ihn wärmend, betört.
Ich atme mit.

So ein Mitlächler
so ein Mitatmer
bin ich geworden.

Ich weiß, Geliebte
was mir gehört
ist groß, größer und brennend.

So bleibt, Geliebte
wenn du es von mir wegträgst
Großes zurück, Größeres und Kälteres.

Daß ich nie weiß
ob ich
oder der andere
mit deinem Stöhnen
gemeint ist
dafür
bestrafe ich dich
mit der ganzen Kraft
meines Schwanzes.

Ich stoße
durch ein Meer
der Unsicherheit
und kann
das andere Ufer
nicht erreichen.

Ich rufe dich an
und merke, daß er
bei dir ist.
Ich ersuche dich
sofort herunterzukommen.

Ich parke vor deinem Haus
sitze im Wagen
starre zur Tür
und warte.

Ich lege einen Gartenschlauch
vom Auspuff
ins Innere des Wagens
und dämmere langsam hinüber.

Ich erwache
durch ein Klopfen
und sehe das Gesicht eines Polizisten
der mich freundlich ermahnt
hier wegzufahren.

Am höchsten Gipfel der Worte
werde ich einen Galgen errichten.
Daran wird baumeln:
Alles Geflüsterte.
Alles Sehnsüchtige.
Alles Versprochene.
Alles Erdenkliche und Erdachte.
Wohl formuliert.
Gut stranguliert.

Ich habe
an deinem Körper
nie betretene
Küstenstrände gefunden.

Ich bin
mit Zungenschlägen
durch die Auen
deiner feuchtgeringelten
Haare gerudert.

Ich habe
zwischen den
Formen deiner Brust
große Mundwanderungen
unternommen.

Deine Achsel ist
eine Wiege
die mich nach jeder Liebe
halbschlafen einlädt.

Wie soll es mir gelingen
aus all diesen Ländern
und Tälern
Gegenden und Auen
Zeiten und Vergangenheiten
von heute auf morgen
auszuwandern?

Das Lächeln
am Fuße der Leiter ist fußkrank.
Ohne poetische Übertreibung
bin ich ein Apfel
vom vorigen Jahr
eine Pasta asciutta
im Zustande der Verdauung
und ein Mensch
auf der Suche nach den verlorenen Flecken
im Innern
einer Waschmaschine.

Der ungeschriebene Brief:
Beginnt mit der vertrautesten Anrede.
Erzählt etwas Berufliches.
Ersucht um eine Erledigung.
Schlägt die Trennung vor.
Bietet eine Freundschaft an
und schließt mit der Versicherung
tiefster Verbundenheit.

Bei einem Glas Sekt
versöhnen wir uns wieder
und erzählen uns alles
und weinen
und ich verrate meine Freundin
und du verrätst deinen Freund
und wir sind glücklich
und verlogen
wie eh und je.

In meinen Aufzeichnungen
steht, daß es
keine einzige Begegnung
keine Stunde, keine Ferien
keine Umarmung, keine Ausgelassenheit
keine Stille gab
die ich ganz allein mit dir
erlebte.
Immer war eine andere
oder mehrere andere
gegenwärtig.

Mußt du unbedingt
diese schrecklichen Sätze
lesen?

Jeder Mensch
ist ein Mensch
oder zwei Menschen
oder drei Menschen.
Ich bin auf jeden Fall
zu viele Menschen.

Du stürmst in das Zimmer
und schreist
wie sehr du mich haßt.

Ich mich auch.

Da wir uns einig sind:
Könnten wir uns nicht
ein bißchen näherkommen?

In diesen Tagen
sagst du
sei dein Herz versteinert.
Du reißt es dir aus der Brust
und wirfst es auf den gekachelten Fußboden.
Es zerspringt
in tausend Stücke.

Sei vorsichtig.
Ich könnte mir ja
ein Stück deines Herzens
in die Füße treten.

Gottseidank
schlägt es dreizehn.
Bei eins, zwei und drei
war ich noch ruhig
als der Schlag ausblieb.
Bei vier, fünf, sechs, sieben
habe ich gewartet.
Ab acht
sehnte ich ihn herbei.
Als er auch bei zwölf
nicht kam
schrie ich
vor Enttäuschung.
Jetzt
beim dreizehnten
bin ich endlich
erschlagen.
Gottseidank.

IV.

Wir liegen am Grunde des Teiches

Ein Selbstmord
ist etwas Merkwürdiges.
Man sticht
ins eigene Fleisch
aber man fühlt
nichts.
Kein Blut spritzt.
Man sieht
einen länglichen Schnitt
und denkt:
Sterben
will ich nicht.

Mitternacht.
Eine Krankenschwester
aus dem Burgenland.
Ein Schluchzen
aus dem Nebenzimmer.
Rote Pillen
in Abständen.
Ein Glas
lauwarmer Sekt.
Silvester.

Wie soll ich
mir
das neue Jahr
erklären?

Mein Geschriebenes
ist öffentlich.

Ich versuche es
mit einem Bodentuch
aufzuwischen.

Dabei wird mir
so übel
daß ich neues Geschriebenes
von mir geben muß.

Auf der Suche
nach deinem Herzen
verwende ich
ein Messer.
Ich schneide
mich durch
deinen Körper
und bin
untröstlich
über das tote
Ergebnis.

Ich laufe zu dir.
Ich rutsche aus und falle hin.
Ich stehe auf und laufe.
Ich rutsche aus und falle hin.
Die Knie sind blutig.
Die Schmerzensschreie
sind im Therapieraum.

Reich mir die Hand mein Leben
komm auf mein Schloß mit mir.
Die roten Rosen im Garten
gehören alle dir.

Unser Blut klebt zwischen den Blättern
Hautfetzen hängen am Stiel.
Wir liegen am Grunde des Teiches.
Das war doch unser Ziel.

Man sagt:
Ein Mensch
hat den Tod vor Augen.

Ich habe ihn
in mir.
Hoffentlich tötet er
das Richtige.

Auf dem Gang der Station
ist Blut
und eine echte Leiche
mit kurzen oder langen Haaren
mit Hose oder Rock
mit deinen oder meinen Augen
das klärt sich noch
im Polizeibericht.

Wenn ich vergiftet
auf dem Bett liege
mich aus dem dritten Stock stürze
oder stranguliert von der Decke baumle
wirst du mir dann glauben?

Was
so frage ich mich
sollst du mir glauben?

Ich sei
sagt der Psychiater
als Kleinkind zu lange
hospitalisiert gewesen.

Ich hätte daher
ein unstillbares Bedürfnis
nach fürsorglichen Krankenschwestern.
Im übertragenen Sinne.

Was für eine nette Beschreibung
für mein unstillbares Bedürfnis
ein Frauenmörder zu sein.

Ich lege dir meinen Kopf zu Füßen
streichle deine Beine entlang
schlecke dich auf
kreise um deinen Nabel
spiele mit deiner Brust
glätte die Haut auf deinem Hals
zähle die Falten in deinem Gesicht
atme in dein Ohr
und wünsche dir
liebe Mutter
alles Gute zum Muttertag.

Mutter
Mutter
warum hast du mich verlassen?
Diese Frage schreie ich so lange in den Raum
bis ich das Echo komisch finde.

Du besuchst mich
im Krankenhaus
und fragst mich
wie es mir geht.

Ich sage nichts.

Die Stille
Geliebte
die Stille
hat das letzte
Wort.

Die Lügen fallen
eine nach der anderen
auf den Boden.

Du siehst sie, vergilbt
aber du nimmst sie
als seien sie gerade
gewachsen.

Ich flehe
um bedeckenden Schnee.
Aber der Winter will heuer
einfach nicht kommen.

Beim Verlassen der Psychiatrie
treffe ich
einen alten Bekannten.
Ich erzähle ihm
von einem verrückten Freund
den ich da drinnen
besucht hätte.

V.

Die Sehnsucht, die nie versiegende

Beim Anblick
all dessen
was ich dir angetan habe
bleibt nichts
von mir übrig.

So hätte ich es gerne.

Leider bleibt alles übrig.
Meine Lügen.
Meine Gier.
Meine Grausamkeit.
Und sogar meine Liebe.

Worum ich dich betrogen habe:
Um deine Ausgelassenheit.
Um deine schüchternen Annäherungsversuche.
Um deine Wege zur Lust.
Um Jahre.

Worum ich mich betrogen habe:
Dies alles mit dir zu erleben.

Die Wahrheit ist:
Ich bin unfähig
zu lieben.

Ich kann nur nicht genug
von dieser Unfähigkeit kriegen.

Scheidung –
eine Anleitung:
Man gehe in die
nächste Eisenhandlung.
Kaufe einen Hammer
und große Nägel.
Man nagle
die rechte Hand
und die Füße
an die Wohnungstüre
und bitte sodann
den Partner um Hilfe
beim Annageln der linken Hand.
Bei einer Scheidung
muß der Partner
immer mitspielen.

Das Schlimmste ist
die Suche nach dem Vertrauen.

Jede Anstrengung
es wiederzufinden
macht uns noch mißtrauischer.

Wir entdecken
dieses und jenes
aber es ist nicht das
was wir suchen.

Was wir suchen
ist die Bestätigung
unseres Mißtrauens.

Ich sehe einen Film
und du bist nicht bei mir.
Ich bin in einer anderen Stadt
und du bist nicht bei mir.
Ich kaufe neue Schuhe
und du bist nicht bei mir.
Ich schaue über das Meer
und du bist nicht bei mir.
Ich treffe dich
und du bist nicht bei mir.

Ich verbrenne
die Photos
von dir.
Beobachte das Feuer
bis es
verglüht.
Schmiere die Asche
in mein Gesicht
bis es schwarz
ist.

Du magst Stunden
Tage und Jahre
abwesend sein
immer sehe ich
dein Gesicht.

Es erscheint
in Landschaften
die ich ohne dich
durchwandere.

Es blickt
aus Gemälden
die ich ohne dich
betrachte.

Es spiegelt
sich in Teichen
an deren Rand
ich allein
stehe.

Und in der Finsternis
in der Finsternis
ist es immer vor mir.

Ich suche den Briefkasten
den längst ausgeräumten
nach einem Zeichen von dir
ab.

Ich fahre mit der Hand
im Kasten hin und her
als könnte ich
eine Nachricht von dir
aus dem Blech
schlagen.

Alle Briefe und Botschaften
selbst die wichtigsten
bedeuten mir nichts
weil sie nicht
deinen Namen
tragen.

Die Sehnsucht
die nie versiegende
macht manches möglich.

Trümmer
fügen sich
zu Herzen.
Ihr Schlagen erweckt
verstorbene Tage.

Die Sehnsucht
die alles erweckende
holt dich herbei.

Heute nacht
hast du gelacht
wie ehedem.
Geküßt
wie zu Beginn.
Geliebt
wie nie zuvor.
Geredet
wie ein Kind.
Gewunken
bis ich aufwachte.

Ich möchte
diese Begegnung
nach so langer Zeit
nicht in den Himmel
der Poesie
verschreien.

Meine Wange
an deinem Ohr
ist dein Ohr
an meiner Wange.

Ich
ein alternder Dichter
sitze auf einem
morschen Ast
und halte Ihnen
meine sehr verehrten
Damen und Herren
einen Vortrag
über die Unvergänglichkeit
der Liebe.

Nachwort

In einem Interview mit dem »SPIEGEL« merkte Peter Turrini einmal an, wenn er einen Wunsch frei hätte, würde er gerne wie ein deutscher Intellektueller aussehen, äußerst schmal, geradezu leptosom, und mit einer dicken, zwölf Dioptrien starken Brille. Statt dessen beschwere ihn die ganze österreichische Breite, er sehe aus wie der Neffe von Helmut Qualtinger. Aus diesem Grund müsse er seit seinem fünfzehnten Lebensjahr dichten, um an Frauen heranzukommen. Immerhin funktioniere dies einigermaßen: mit Dramen eher schleppend und umständlich, mit Lyrik etwas flinker und gradliniger. Der amerikanische Schriftsteller Louis Begley, in einem Interview zu diesem literarischen Ansatz befragt, antwortete, Turrini spreche ihm aus dem Herzen.

Sind die Gedichte von Turrini aber nun gut genug, um mit ihnen ans Ziel der männlichen Wünsche zu gelangen? Als der Gedichtband »Im Namen der Liebe« 1993 zum ersten Mal erschien, gab es innerhalb weniger Wochen drei Nachauflagen. Da die Käufer, statistisch gesehen, nicht ausschließlich weiblich gewesen sein können, scheinen etliche männliche Leser Turrinis Schreibintention für ihre eigenen Absichten in Anspruch genommen zu haben.

Sind die Liebesgedichte also so gut, daß sie auch anderen als Anbahnungshilfe für die Liebe taugen? Die Gedichtsammlung beginnt mit der Beschreibung des hingebungsvollen und nicht enden wollenden Glücks einer noch frischen Liebe, erzählt von den ersten Trübungen, steigert sich über den Betrug und die Lüge zur kämpferischen Auseinandersetzung, führt in die Verzweiflung, Zerstörung und den Irrsinn und endet schließlich in der Erschöpfung und Resignation der Liebenden. Das ist nicht unbedingt eine Aussicht, die man seiner Angebeteten beim ersten Rendezvous vorträgt.

Wenn es also nicht der Inhalt ist, der uneingeschränkt zur Liebe einlädt, ist es der Tonfall dieser Gedichte, der sie so erfolgreich gemacht hat? Der steil abfallende Weg vom Glück in die Katastrophe wird aus der Perspektive eines männlichen Ichs beschrieben, das geprägt ist von Egozentrik und Selbstmitleid, heimgesucht wird von Ängsten bis hin zu Mord- und Selbstmordphantasien, das sich aber durch Selbstironie, Witz und die schonungslose, bisweilen zerknirschte Offenbarung seiner Gefühle dem eigenen Wahn und der hemmungslosen Zerstörung wieder zu entziehen weiß.

Die Gedichte sind, wenn auch nicht sehr tröstlich, in ihrem Ton doch vor allem komisch und äußerst theatralisch. So theatralisch, daß sie bereits vier Mal als abendfüllendes Zwei- bis Drei-Personen-Stück inszeniert und von neun Komponisten vertont worden sind. Der männliche Wahn, der in ihnen zum Vorschein kommt, scheint außerdem so viel Allgemeingültigkeit zu besitzen, daß die Gedichte bisher in sieben Sprachen übersetzt worden sind.

Ob dem Autor Turrini mit seinen Liebesgedichten wohl gelungen ist, was er in dem Interview als Grund für seine lyrische Produktion angegeben hat? Die Erweiterung des Bandes um fast vierzig neue Gedichte läßt einen positiven Schluß jedenfalls zu.

Silke Hassler

Inhalt

I.
Das brennende Herz

II.
Wenn ich einen Termin frei habe

V.
Die Sehnsucht, die nie versiegende

Peter Turrini
im Suhrkamp Verlag

Da Ponte in Santa Fe. Stück und Materialien.
es 3429. es theater. 108 Seiten

Ein paar Schritte zurück. Gedichte. Herausgegeben von
Silke Hassler. st 3389. 144 Seiten

Ich liebe dieses Land. Stück und Materialien.
es 3412. es theater. 108 Seiten

Im Namen der Liebe. Gedichte. Herausgegeben und mit
einem Nachwort von Silke Hassler. st 3705. 130 Seiten

Josef und Maria. Ein Spiel. Herausgegeben und mit einem
Nachwort von Silke Hassler. Mit zahlreichen Abbildungen
und Materialien. st 3544. 91 Seiten

Der Riese vom Steinfeld. Mit zahlreichen Abbildungen und
Materialien. es 3426. es theater. 108 Seiten

Rozznjogd/Rattenjagd. Sauschlachten. Dialektstücke. Her-
ausgegeben von Silke Hassler. Mit zahlreichen Fotos und
Materialien. st 3636. 148 Seiten

Der tollste Tag und andere Komödien. Herausgegeben und
mit einem Nachwort von Silke Hassler. Mit zahlreichen Fotos
und Materialien. st 3526. 253 Seiten

Deutschsprachige Gegenwartsliteratur
im Suhrkamp Verlag
Eine Auswahl

Ulla Berkéwicz
- Adam. Broschur und st 1664. 180 Seiten
- Engel sind schwarz und weiß. Roman.
  Leinen und st 2296. 352 Seiten
- Ich weiß, daß du weißt. Roman.
  Gebunden und st 3250. 264 Seiten
- Josef stirbt. Erzählung. Broschur und st 1125. 115 Seiten
- Maria Maria. Drei Erzählungen.
  Broschur und st 1809. 90 Seiten
- Michel, sag ich. Broschur und st 1530. 109 Seiten
- Mordad. Leinen und st 2710. 118 Seiten
- Nur Wir. Ein Schauspiel. 77 Seiten. Englische Broschur
- Zimzum. Leinen und st 2947. 122 Seiten

Marica Bodrožić
- Tito ist tot. Erzählungen. 160 Seiten. Gebunden

Paul Brodowsky
- Milch Holz Katzen. es 2267. 72 Seiten

Esther Dischereit
- Joëmis Tisch. Eine jüdische Geschichte. es 1492. 122 Seiten
- Merryn. 118 Seiten. Gebunden
- Übungen, jüdisch zu sein. Aufsätze. es 2067. 150 Seiten

Dirk Dobbrow
- Der Mann der Polizistin. Roman. es 2237. 224 Seiten

Kurt Drawert

- Alles ist einfach. Stück in sieben Szenen. es 1951. 116 Seiten
- Frühjahrskollektion. Gedichte. 96 Seiten. Gebunden
- Haus ohne Menschen. Zeitmitschriften. es 1831. 120 Seiten
- Privateigentum. Gedichte. es 1584. 138 Seiten
- Rückseiten der Herrlichkeit. Texte und Kontexte.
  es 2211. 256 Seiten
- Spiegelland. Ein deutscher Monolog. es 1715. 157 Seiten
- Steinzeit. es 2151. 160 Seiten
- Wo es war. Gedichte. 122 Seiten. Gebunden

Oswald Egger

- Herde der Rede. Poem. es 2109. 380 Seiten
- Nichts, das ist. Gedichte. es 2269. 160 Seiten

Robert Fischer

- Römische Abschweifungen. Erzählung. st 3030. 102 Seiten
- Sex kills. Eine griechische Affäre. Roman. st 3268. 140 Seiten

Werner Fritsch

- Cherubim. 254 Seiten. Gebunden
- Fleischwolf. Gefecht. es 1650. 112 Seiten
- Jenseits. Erzählung. 72 Seiten. Klappenbroschur
- Nico. Sphinx aus Eis. Monolog. 48 Seiten. Büttenbroschur
- Stechapfel. Legende. 102 Seiten. Gebunden
- Steinbruch. es 1554. 53 Seiten

Rainald Goetz

- Abfall für alle. Roman eines Jahres.
  864 Seiten. Broschur. st 3542. 864 Seiten
- Celebration. Texte und Bilder zur Nacht.
  es 2118. 286 Seiten. st 3598. 285 Seiten
- Dekonspiratione. Erzählung.
  208 Seiten. Gebunden. st 3377. 208 Seiten
- Hirn. Schrift. st 3491. 196 Seiten

- Die englischen Jahre 1-3. Die englischen Jahre. Selbstportrait mit einer Toten. Fakten, Fiktionen und Kitsch beim Schreiben über ein historisches Thema. Zwei Bände und ein Beiheft in Kassette. 540 Seiten
- Das Handwerk des Tötens. Roman. 384 Seiten. Leinen
- Der Kommerzialrat. Bericht. st 2718. 148 Seiten
- O2. Novelle. st 2476. 170 Seiten
- Das Register. Roman. Gebunden und st 2298. 300 Seiten
- Selbstportrait mit einer Toten. Roman.
  Klappenbroschur und st 3517. 112 Seiten.
- Wem gehört eine Geschichte? 60 Seiten. Bütten-Broschur

Katharina Hacker
- Der Bademeister. Roman. 210 Seiten. Gebunden
- Eine Art Liebe. Roman. 272 Seiten. Gebunden
- Morpheus oder Der Schnabelschuh. es 2092. 126 Seiten
- Tel Aviv. Eine Stadterzählung. es 2008. 145 Seiten

Joachim Helfer
- Cohn & König. Roman. Gebunden und st 3120. 232 Seiten
- Du Idiot Roman. st 2998. 268 Seiten
- Nicht Himmel, nicht Meer. Roman. 112 Seiten. Gebunden

Unda Hörner
- Flüchtige Männer. Erzählungen. st 3509. 144 Seiten
- Unter Nachbarn. Roman. st 3171. 201 Seiten

Johannes Jansen
- Halbschlaf. Tag Nacht Gedanken. es 2380. 85 Seiten
- heimat … abgang … mehr geht nicht. ansätze. mit zeichnungen von norman lindner. es 1932. 116 Seiten
- Reisswolf. Aufzeichnungen. es 1693. 67 Seiten
- Splittergraben. Aufzeichnungen II. Mit zahlreichen Abbildungen. es 1873. 116 Seiten
- Verfeinerung der Einzelheiten. Erzählung. es 2223. 112 Seiten

Daniel Kehlmann

- Beerholms Vorstellung. Roman. 288 Seiten
- Der fernste Ort. Gebunden und st 3627. 152 Seiten
- Ich und Kaminski. Roman. 173 Seiten. Gebunden
- Mahlers Zeit. Roman. Gebunden und st 3238. 160 Seiten
- Unter der Sonne. Erzählungen. st 3130. 112 Seiten

Gerhard Kelling

- Beckersons Buch. Roman. 269 Seiten. Gebunden
- Jahreswechsel. Roman. 172 Seiten. Gebunden

Barbara Köhler

- Blue Box. Gedichte. 59 Seiten. Leinen
- Deutsches Roulette. Gedichte 1984-1989. es 1642. 85 Seiten
- Wittgensteins Nichte. vermischte schriften / mixed media. es 2153. 175 Seiten

Uwe Kolbe

- Abschiede. Und andere Liebesgedichte. es 1178. 82 Seiten
- Die Farben des Wassers. 80 Seiten. Gebunden
- Nicht wirklich platonisch. Gedichte. 98 Seiten. Gebunden

Angela Krauß

- Der Dienst. 46 Seiten. Kartoniert
- Kleine Landschaft. Erzählungen. 117 Seiten. Leinen
- Milliarden neuer Sterne. 51 Seiten. Klappenbroschur
- Sommer auf dem Eis. 104 Seiten. Gebunden
- Die Überfliegerin. Erzählung. st 3393. 124 Seiten
- Weggeküßt. 108 Seiten. Gebunden

Ute-Christine Krupp

- Alle reden davon. Roman. es 2235. 128 Seiten
- Greenwichprosa. es 2029. 102 Seiten

Christian Lehnert
- Der Augen Aufgang. Gedichte. es 2101. 100 Seiten
- Der gefesselte Sänger. Gedichte. es 2028. 92 Seiten
- Ich werde sehen, schweigen, hören. es 2369. 100 Seiten

Jo Lendle
- Unter Mardern. es 2111. 100 Seiten

Andreas Maier
- Klausen. Roman. 200 Seiten. Gebunden. st 3569. 216 Seiten
- Wäldchestag. Roman. Gebunden und st 3381. 315 Seiten

Jagoda Marinić
- Eigentlich ein Heiratsantrag. Geschichten.
  Gebunden und st 3516. 128 Seiten

Thomas Meinecke
- The Church of John F. Kennedy. Roman. es 1997. 245 Seiten
- Hellblau. Roman. Gebunden und st 3508. 336 Seiten
- Holz. Erzählung. st 3013. 112 Seiten
- Mode & Verzweiflung. st 2821. 129 Seiten
- Musik. Roman. 372 Seiten. Gebunden
- Tomboy. Roman. Gebunden und st 3118. 251 Seiten

Bodo Morshäuser
- Die Berliner Simulation. Erzählung.
  138 Seiten. Englische Broschur
- Blende. Erzählung. 161 Seiten. Broschur
- In seinen Armen das Kind. Roman.
  366 Seiten. Gebunden. st 3543. 370 Seiten
- Hauptsache Deutsch. es 1626. 205 Seiten
- Liebeserklärung an eine häßliche Stadt. Berliner Gefühle.
  st 2933. 155 Seiten
- Nervöse Leser. Erzählung. 150 Seiten. Broschur
- Revolver. Vier Erzählungen. es 1465. 140 Seiten

- Tod in New York City. Roman. 140 Seiten. Gebunden
- Warten auf den Führer. es 1879. 142 Seiten
- Der weiße Wannsee. Ein Rausch.
  Gebunden und st 2713. 192 Seiten

Sabine Neumann
- Das Mädchen Franz. Erzählung. st 3456. 176 Seiten
- Streit. Drei Erzählungen. st 3119. 140 Seiten

Andreas Neumeister
- Äpfel vom Baum im Kies. 261 Seiten. Gebunden
- Angela Davis löscht ihre Website. Listen, Refrains, Abbil-
  dungen. es 2310. 120 Seiten
- Ausdeutschen. Roman. 132 Seiten. Gebunden
- Gut laut. Roman. 132 Seiten. Gebunden
- Salz im Blut. 195 Seiten. Gebunden

José F. A. Oliver
- fernlautmetz. Gedichte. es 2212. 80 Seiten
- nachtrandspuren. Gedichte. es 2307. 128 Seiten

Albert Ostermaier
- Autokino. Gedichte. Mit CD. 112 Seiten. Gebunden
- fremdkörper hautnah. Gedichte. es 2032. 100 Seiten
- Heartcore. Gedichte. Mit CD. 110 Seiten. Gebunden
- Herz Vers Sagen. Gedichte. es 1950. 73 Seiten
- Letzter Aufruf. 99 Grad. Stücke und Materialien.
  es 3417. 150 Seiten
- SOLARPLEXUS. Gedichte. 144 Seiten. Gebunden
- VATERSPRACHE. es 2436. 60 Seiten

Doron Rabinovici
- Credo und Credit. Einmischungen. es 2216. 160 Seiten
- Ohnehin. Roman. 256 Seiten. Gebunden
- Papirnik. Stories. es 1889. 134 Seiten

- Suche nach M. Roman in zwölf Episoden.
  287 Seiten. Gebunden. st 2941. 270 Seiten

Ilma Rakusa
- Love after Love. Gedichte. es 2251. 68 Seiten
- Ein Strich durch alles. Neunzig Neunzeiler.
  96 Seiten. Gebunden

Patrick Roth
- Corpus Christi. st 3064. 180 Seiten
- Johnny Shines oder Die Wiedererweckung der Toten.
  Seelenrede. Gebunden und st 2783. 163 Seiten
- Meine Reise zu Chaplin. Ein Encore.
  Gebunden und st 3439. 98 Seiten
- Die Nacht der Zeitlosen. 152 Seiten. Gebunden
- Resurrection. Die Christus-Trilogie. Riverside – Johnny
  Shines oder Die Wiedererweckung der Toten – Corpus
  Christi. Drei Romane in Kassette. Mit Hörkassette »Die
  L.A. Lesung«. st 3457. 438 Seiten
- Riding with Mary. 10mal Sehnsucht. st 3537. 464 Seiten
- Riverside. Christusnovelle. st 2568. 93 Seiten
- Starlite Terrace. 150 Seiten. Gebunden

Ralf Rothmann
- Berlin Blues. Ein Schauspiel. 100 Seiten. Bütten-Broschur
- Flieh, mein Freund! Roman.
  278 Seiten. Gebunden. st 3112 und st 3504. 280 Seiten
- Gebet in Ruinen. Gedichte. 72 Seiten. Gebunden
- Hitze. Roman. 296 Seiten. Leinen
- Junges Licht. Roman. 240 Seiten. Leinen
- Kratzer und andere Gedichte. st 1824. 85 Seiten
- Messers Schneide. Erzählung.
  Kartoniert und st 1633. 133 Seiten
- Milch und Kohle. Roman.
  216 Seiten. Leinen. st 3309. 212 Seiten

- Stier. Roman. Leinen, BS 1364, st 2255. 372 Seiten
- Wäldernacht. Roman. st 2582. 304 Seiten
- Der Windfisch. Erzählung. 133 Seiten. Broschur

Silke Scheuermann
- Der Tag an dem die Möwen zweistimmig sangen. Gedichte.
  es 2239. 80 Seiten
- Der zärtlichste Punkt im All. Gedichte. 72 Seiten. Gebunden

Lutz Seiler
- vierzig kilometer nacht. Gedichte. 96 Seiten. Gebunden
- pech & blende. Gedichte. es 2161. 90 Seiten
- Sonntags dachte ich an Gott. Aufsätze. es 2314. 140 Seiten

Hans-Ulrich Treichel
- Der einzige Gast. Gedichte. es 1904. 71 Seiten
- Gespräch unter Bäumen. Gesammelte Gedichte. Auswahl
  und Nachwort von Rainer Weiss. st 3400. 128 Seiten
- Heimatkunde oder Alles ist heiter und edel. Besichtigungen.
  st 3111. 132 Seiten
- Der irdische Amor. Roman. Gebunden und st 3603. 256 Seiten
- Liebe Not. Gedichte. es 1373. 79 Seiten
- Tristanakkord. Roman. Gebunden und st 3617. 225 Seiten
- Der Verlorene. Erzählung. Gebunden und st 3061. 176 Seiten
- Von Leib und Seele. Berichte.
  Englische Broschur und st 2924. 86 Seiten

Jamal Tuschik
- Bis zum Ende der B-Seite. Roman. es 2333. 180 Seiten
- Kattenbeat. Roman in drei Stücken. es 2234. 180 Seiten
- Keine große Geschichte. Roman. es 2166. 200 Seiten

Christian Uetz
- Don San Juan. es 2263. 80 Seiten
- Das Sternbild versiegt. Gedichte. es 2376. 96 Seiten

Anne Weber
- Besuch bei Zerberus. 112 Seiten. Gebunden
- Erste Person. 120 Seiten. Gebunden
- Im Anfang war. 200 Seiten. Gebunden
- Ida erfindet das Schießpulver. es 2108. 120 Seiten

Peter Weber
- Bahnhofsprosa. 136 Seiten. Gebunden
- Silber und Salbader. Roman.
  306 Seiten. Gebunden. st 3415. 296 Seiten
- Der Wettermacher. Roman. Gebunden und st 2547. 316 Seiten